Contents

Unit 1
¡Yo!

1.1	Mis amigos	4
1.2	¿Cuántos años tienes?	5
1.3	¿Cuándo es tu cumpleaños?	6
1.4	¿Qué hay en tu mochila?	7
1.5	Entre amigos	8
	Gramática	9
	Reto (*Challenge*)	10
	Vocabulario	11
	Ya sé… *checklist*	12
	Para escribir	13

Unit 2
Me presento

2.1	¿De dónde eres?	14
2.2	¿Tienes hermanos?	15
2.3	¿Tienes un animal doméstico?	16
2.4	¿Cómo eres?	17
2.5	Entre amigos	18
	Gramática	19
	Reto (*Challenge*)	20
	Vocabulario	21
	Ya sé… *checklist*	22
	Para escribir	23

Unit 3
En el pueblo

3.1	¿Adónde vas?	24
3.2	¿Dónde está?	25
3.3	¿Por dónde se va a…?	26
3.4	¿Cómo es tu ciudad?	27
3.5	Entre amigos	28
	Gramática	29
	Reto (*Challenge*)	30
	Vocabulario	31
	Ya sé… *checklist*	32
	Para escribir	33

Unit 4
En mi casa

4.1	Mi casa es…	34
4.2	En mi dormitorio	35
4.3	Las habitaciones	36
4.4	Mi rutina diaria	37
4.5	Entre amigos	38
	Gramática	39
	Reto (*Challenge*)	40
	Vocabulario	41
	Ya sé… *checklist*	42
	Para escribir	43

Unit 5
Los pasatiempos

5.1	En mis ratos libres	44
5.2	¿Qué deportes practicas?	45
5.3	Ayudar en casa	46
5.4	Hacer planes	47
5.5	Entre amigos	48
	Gramática	49
	Reto (*Challenge*)	50
	Vocabulario	51
	Ya sé… *checklist*	52
	Para escribir	53

Unit 6
En el cole

6.1	Las asignaturas	54
6.2	Opiniones sobre el instituto	55
6.3	El horario	56
6.4	El transporte	57
6.5	Entre amigos	58
	Gramática	59
	Reto (*Challenge*)	60
	Vocabulario	61
	Ya sé… *checklist*	62
	Para escribir	63

1.1 Mis amigos

1 ¿Cómo estás? Escoge la palabra apropiada para cada dibujo.
How are you? Choose the correct word for each picture from the box below.

a   b   c   d

muy bien
bien
regular
fatal

fatal _____ _____ _____

2 Pon estos nombres españoles en orden alfabético.
Put these Spanish names in alphabetical order.

María Ana Joaquín Javier Arantxa Jorge Pilar Diego Isabel Montserrat
Josefa Gema Charo Enrique Felipe Silvia Sandra Fátima Manuel Enriqueta

1 Ana
2 _____
3 _____
4 _____
5 _____
6 _____
7 _____
8 _____
9 _____
10 _____
11 _____
12 _____
13 _____
14 _____
15 _____
16 _____
17 _____
18 _____
19 _____
20 _____

3 Escribe las frases apropiadas en los globos.
Write the correct sentences in the speech bubbles.

Me llamo Montse. ¿Y tú? ¿Cómo te llamas?
Encantada.
Encantado.
¡Hola! ¿Cómo te llamas?
Me llamo Asier.

Me llamo Montse. ¿Y tú? ¿Cómo te llamas?

4 cuatro

1.2 ¿Cuantos años tienes? ¡Yo!

1 Une los puntos en orden correcto para descubrir el dibujo.
Join the dots in the correct order to discover the picture.

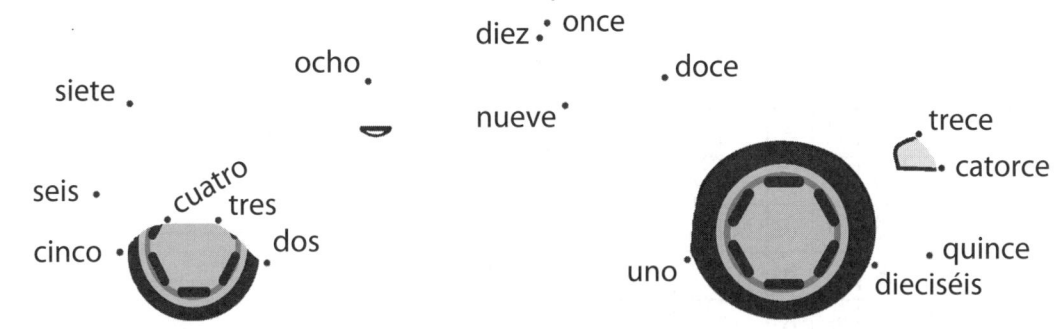

uno, dos, tres, cuatro, cinco, seis, siete, ocho, nueve, diez, once, doce, trece, catorce, quince, dieciséis

2 Empareja las frases con los dibujos. *Match the sentences to the pictures.*

a Tengo un año.
b Tengo ocho años. ☐
c Tengo seis años. 1
d Tengo dieciséis años.
e Tengo catorce años.
f Tengo tres años.

3 Contesta las preguntas. Utiliza la forma correcta del verbo *tener***.**
Answer the questions with the correct form of the verb **tener**.

Florentina 8, Jorge 4, María José 16, Abelardo 9, Eva 5, José Luis 10, Pedro 7, Nuria 2

Ejemplo – María José, ¿Cuántos años tienes?   *Tengo dieciséis años.*
– Y Eva, ¿Cuántos años tiene Eva?   *Eva tiene cinco años.*

a ¿Cuántos años tiene Pedro? _____
b ¿Cuántos años tiene Nuria? _____
c Abelardo, ¿Cuántos años tienes? _____
d ¿Cuántos años tiene Florentina? _____
e Jorge, y tú ¿Cuántos años tienes tú? _____
f ¿Y José Luís? _____

cinco 5

1.3 ¿Cuando es tu cumpleaños?

1 **Busca los meses del año. Escríbelos en orden.**
Find the months of the year, then write them in order.

E	N	E	R	O	Y	J	U	N	I	O	B
B	N	A	E	C	O	E	U	I	L	G	S
M	M	E	N	T	U	A	T	L	V	W	A
O	A	R	E	U	K	M	T	V	I	N	N
G	R	B	R	B	B	A	A	H	G	O	U
A	Z	M	S	R	G	B	R	Y	H	V	T
B	O	E	F	E	B	R	E	R	O	I	C
B	Z	I	N	M	H	I	G	A	E	E	O
N	L	T	B	P	R	L	S	M	R	M	F
S	E	P	K	O	C	T	U	T	S	B	D
G	T	E	D	I	C	I	E	M	B	R	E
O	T	S	O	G	A	M	E	I	O	E	F

1 _____
2 _____
3 _____
4 _____
5 _____
6 _____
7 _____
8 _____
9 _____
10 _____
11 _____
12 _____

2a **¿Es verdad (✔) o mentira (✘)?** *Is it true or false?*

a El cumpleaños de la Reina Elizabeth es el veintiuno de marzo. ✘

b El cumpleaños del Príncipe de Gales es el catorce de noviembre. ☐

c El cumpleaños del Príncipe William es el once de junio. ☐

d El cumpleaños del Príncipe Harry es el dieciséis de agosto. ☐

e El cumpleaños de Camilla es el siete de julio. ☐

PRINCE CHARLES 14/11/1948
CAMILLA, DUCHESS OF CORNWALL 17/07/1947
PRINCE WILLIAM 21/06/1982
QUEEN ELIZABETH 21/04/1926
PRINCE HARRY 15/09/1984

2b **Corrige las frases incorrectas del ejercicio número 2a. Contesta en la página 13.**
Rewrite the sentences that were false in exercise 2a so that they are true. Answer on page 13.

3 **¿Cuándo es tu cumpleaños? Contesta la pregunta. Sigue el ejemplo.**
When is your birthday? Answer the question following the example.

Ejemplo 14/09 Mi cumpleaños es el catorce de septiembre.

a 5/10   b 6/07   c 10/04   d 17/05

1.4 ¿Qué hay en tu mochila? ¡Yo!

1 Escoge la mochila correcta para cada personaje.
Choose the correct rucksack for each of the characters.

_____   _____   _____   _____

Marisa: En mi mochila hay una carpeta, un sacapuntas, una pluma, un lápiz, un estuche, una regla, una goma y una agenda.

Raúl: En mi mochila hay un equipo de gimnasia, una botella de agua, una revista de fútbol, una pluma, unas canicas y una carpeta.

Yolanda: En mi mochila hay un i-pod, unos patines, un cuaderno, un estuche, un diccionario y una carpeta.

Pepe: En mi mochila hay una carpeta, un i-pod, un estuche, unos patines y una agenda. Ah! Y también un móvil y un libro.

2 Juan ha hecho una lista. Mira la lista y contesta las preguntas.
Juan has made a list of the things that he already has for the new school year. Look at the list and answer the questions.

a ¿Tienes un estuche?
   No, no tengo un estuche.

b ¿Tienes una agenda?
   _____

c ¿Tienes un libro?
   _____

d ¿Tienes un cuaderno?
   _____

e ¿Tienes una carpeta?
   _____

f ¿Tienes un equipo de gimnasia?
   _____

1.5 Entre amigos

1 Escribe el número maya que falta. Escribe los números en español.
Fill in the missing Mayan number, then write the numbers out in Spanish.

a
b
c
d

2 Rompe el código y descubre el mensaje secreto.
Break the code and find the secret message.

a	c	d	e	i	l	m	n	o	r	s	t	v	x	y

El mensaje secreto

3 Escribe un mensaje secreto.
Now use the same code to write a secret message of your own.

1 Gramática ¡Yo!

1 Género y número: Traduce la palabra y escríbela en la columna apropiada.
Gender and number: Translate the word and write in Spanish in the correct column.

	Masculino singular	**Femenino singular**	**Masculino plural**	**Femenino plural**
roller blades			unos patines	
folder				
rubber				
bottle of water				
skateboard				
pencil case				
mobile phone				
pencil sharpener				
football magazine				
bag of sweets				
marbles				
ruler				
diary				
PE kit				
pen				
i-pod				
exercise book				

2 Verbos: Tacha las frases incorrectas dejando la frase correcta.
Verbs: Delete the incorrect answers leaving the correct answer.

1. I have a dictionary.   **a** Tengo un diccionario.   **b** Tienes un diccionario.
2. What is your name?   **a** ¿Cómo te llamas?   **b** ¿Cómo me llamo?
3. What is your name, Sir?   **a** ¿Cómo te llamas?   **b** ¿Cómo se llama Usted?
4. My name is Joseph.   **a** Me llamas José.   **b** Me llamo José.
5. She is thirteen years old.   **a** Tengo trece años.   **b** Tiene trece años.
6. I am twelve.   **a** Tengo doce años.   **b** Tienes doce años.

3 Verbos: Escribe en español.
Verbs: Write in Spanish.

I have	**You have**	**He/she has**	**You (Sir/Madam) have**
	tienes		
My name is	**Your name is**	**His/her name is**	**Your name (Sir/Madam) is**
			se llama

nueve **9**

1 Reto

¡Yo!

1 **Escribe una palabra que has aprendido en esta unidad que empieza con estas letras.**
Write a word that you have learnt in this Unit that starts with the following letters.

A <u>agua = water</u>   E _____   L _____   S _____
B _____   F _____   M _____   T _____
C _____   H _____   N _____   U _____
D _____   J _____   O _____   V _____

2 **Completa.** *Complete.*

a uno + cuatro + veintiocho = <u>33</u>
b veinticinco – trece + dos = _____
c quince x cinco = _____
d doce – dos + dieciséis = _____
e treinta ÷ tres = _____
f veintiuno + veinte + seis = _____
g siete + ocho + veintinueve = _____
h veintisiete ÷ nueve = _____
i veinticuatro – once + catorce = _____
j diecisiete + veinte = _____

3 **Aquí está la Familia Real Española. ¿Cuándo son sus cumpleaños?** *Here is the Spanish Royal Family. When are their birthdays? Write them in order according to the month they were born.*

El Rey Don Juan Carlos 5/01/1938 (*king*)
La Reina Doña Sofía 2/11/38 (*queen*)
El Príncipe Felipe 30/01/68 (*prince*)
La Princesa Doña Letizia 15/09/72 (*prince's wife*)
La Infanta Doña Elena 20/12/63 (*princess*)
La Infanta Doña Cristina 13/06/65 (*princess*)

a <u>El cumpleaños del Rey Don Juan Carlos es el cinco de enero.</u>
b _____
c _____
d _____
e _____
f _____

4 **Escoge un miembro de la Familia Real y escribe una entrevista.**
*Choose a member of the Spanish Royal Family and write a short interview on page 13. Greet him/her, ask how he/she is, what his/her name is and his/her age. Say thank you (**Gracias**) and goodbye.*

10 *diez*

1 Vocabulario ¡Yo!

Saludos — *Greetings*
¡Hola! — *Hello!*
Encantado/a — *Pleased to meet you*
¿Qué tal? — *How are you?*
Bien/Muy bien — *Well/Very well*
Mal/Muy mal — *Bad/Very bad*
Regular — *OK*
Fatal — *Terrible*
Fenomenal — *Great*
Cansado/a — *Tired*
¿Y tú? — *And you?*
Buenos días — *Good morning*
Buenas tardes — *Good afternoon*
Buenas noches — *Goodnight*
Adiós — *Goodbye*
Hasta luego — *See you later*
Gracias — *Thank you*

Información personal — *Personal information*
¿Cómo te llamas? — *What are you called?*
Me llamo… — *My name is…*
¿Cómo se escribe tu nombre? — *How do you spell your name?*
¿Cuántos años tienes? — *How old are you?*
Tengo… años. — *I am… years old.*
¿Cuándo es tu cumpleaños? — *When is your birthday?*
¿Cuantos años tiene (Marga)? — *How old is (Marga)?*
Tiene… años. — *He/she is… years old.*
Mi cumpleaños es el… de… — *My birthday is the… of…*
Yo — *I/me*
Yo también — *Me too*

Los meses — *Months of the year*
enero — *January*
febrero — *February*
marzo — *March*
abril — *April*
mayo — *May*
junio — *June*
julio — *July*
agosto — *August*
septiembre — *September*
octubre — *October*
noviembre — *November*
diciembre — *December*

En la mochila — *In your school-bag*
¿Qué hay en tu mochila? — *What do you have in your school-bag?*
Tengo… — *I have…*
No tengo… — *I don't have…*
Hay… — *There is/There are…*
No hay… — *There isn't/There aren't…*
¿Hay…? — *Is there…?/Are there…?*
Sí — *Yes*
No — *No*
una agenda — *a diary*
un bolígrafo — *a biro*
una carpeta — *a folder*
un cuaderno — *an exercise book*
un diccionario — *a dictionary*
un estuche — *a pencil case*
una goma — *a rubber*
un i-pod — *an i-pod*
un lápiz — *a pencil*
un libro — *a book*
un monopatín — *a skateboard*
un móvil — *a mobile phone*
unos patines — *rollerblades*
una pluma — *a fountain pen*
una regla — *a ruler*
un sacapuntas — *a pencil sharpener*
una bolsa de caramelos — *a bag of sweets*

Verbos — *Some important verbs*
tener — *to have*
tengo — *I have*
tienes — *you have*
¿Tienes…? — *Do you have…?*
tiene — *he/she/it has, you (usted) have*

llamarse — *to be called*
me llamo… — *I'm called…*
te llamas… — *you are called…*
se llama… — *he/she/it is called, you (usted) are called…*

ser — *to be*
soy — *I am*
eres — *you are*
es — *he/she is, you (usted) are*

1 Ya sé... checklist   ¡Yo!

This is a checklist of the things you should aim to learn in Spanish using Amigos 1.
Use the **Check** *boxes and the* **Prove it!** *column to keep track of what you have learned.*
- *Tick the first box when you feel you are getting to grips with the learning objective but sometimes need a prompt or time to think.*
- *Tick the second box when you think you have fully mastered the learning objective and will be able to use it again in future.*
- *Make notes following the prompts in the* **Prove it!** *column to help you show what you have learned. Your learning partner or parent can test you and initial the second box to confirm the progress you have made.*

Learning objectives	Check	Prove it!
I can say 'Hello', 'Goodbye' and 'See you soon' in Spanish.	☐ ☐	*Get your partner to test you.*
I can say how I am.	☐ ☐	*Get your partner to test you.*
I can ask others how they are.	☐ ☐	*Get your partner to test you.*
I can say what I am called and ask others their name.	☐ ☐	*Get your partner to test you.*
I can spell my name in Spanish.	☐ ☐	*Get your partner to test you.*
I can count from 1–31 in Spanish.	☐ ☐	*Get your partner to test you.*
I can say my age.	☐ ☐	*Get your partner to test you.*
I can ask somebody their age.	☐ ☐	*Get your partner to test you.*
I can say when my birthday is.	☐ ☐	*Get your partner to test you.*
I can ask someone when their birthday is.	☐ ☐	*Get your partner to test you.*
I can say what I have in my school-bag.	☐ ☐	*Get your partner to test you.*
I can say what I don't have in my school-bag.	☐ ☐	*Get your partner to test you.*
I can say 'a/an' in Spanish.	☐ ☐	*Without looking at your book, write* un/una *for:* lápiz, goma, libro, estuche
I can make nouns plural in Spanish.	☐ ☐	*Without looking at your book, write the plural for:* goma, lápiz, cuaderno, móvil

1 Para escribir

¡Yo!

2.1 ¿De dónde eres? — Me presento

1 Identifica el país.
Write down the names of the countries.

a Italia
b _____ 
c _____ 
d _____ 
e _____ 
f _____

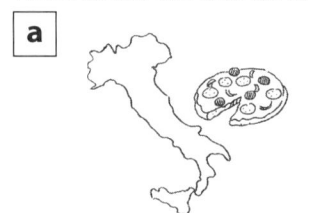

España
Escocia
Italia
Inglaterra
Alemania
Estados Unidos

2 Escribe el diálogo en el orden correcto.
Put the dialogue into the correct order.

a Y Carlos, ¿es español? ☐
b ¿Eres de Roma? ☐
c Sí, es de España. ☐
d Soy de Italia. ☐
e No, soy de Milano. ☐
f ¿De dónde eres? [1]

3a Lee. ¿Verdad (✔) o mentira (✘)?
Read the text about Juan. Are the sentences true or false?

Juan es español. No es de la capital: es de Zaragoza. Habla español, claro, y también francés y un poco de inglés.

a Juan es de Madrid. ✘
b Habla inglés. ☐
c Es de España. ☐
d Habla dos idiomas. ☐

3b Corrige las frases falsas en la página 23.
Correct the false sentences on page 23.

4 Escribe unas frases sobre ti en la página 23.
Write a few sentences about yourself on page 23.
Say where you are from, your nationality and how many languages you speak.
Ejemplo   Soy de …   Hablo …

14 *catorce*

2.2 ¿Tienes hermanos? — Me presento

1 Empareja las frases con las familias.
Match the sentences with the families.

a Tengo una hermana.
b Soy hijo único.
c En mi familia hay cinco personas porque mis abuelos viven con nosotros.
d En mi familia hay cuatro personas: mi padre, mis dos hermanas y yo.
e No tengo hermanos. En mi familia hay dos personas: mi padre y yo.

2 Completa el email.
Complete the email using the words in the box.

¡Hola! Me __llamo__ Jorge. Tengo dos hermanas que se _____ Clara y Victoria. Clara tiene 14 _____ y Victoria es la bebita: ¡sólo tiene un año! Vivimos con _____ madre, así que hay cuatro personas en mi _____. Te mando una foto de _____ hermanas. Y en _____ familia, ¿cuántas _____ hay? ¿Tienes _____ o eres _____ único?

mis
llaman
hermanos
años
tu
llamo
hijo
mi
familia
personas

3 Describe a la familia en la página 23.
Write about this family on page 23.

Ejemplo En mi familia hay … personas. Tengo … Se llama(n) …

José = Marta   Belinda = Fernando

Carmita (16)   yo   Mateo (9)   Luis (6)

quince 15

2.3 ¿Tienes un animal doméstico?   Me presento

1 ¿Qué animales tienen? Completa las frases según el dibujo.
What pets do they have? Complete the sentences according to the picture.

Ejemplo Carlos *tiene un caballo.*

a Marisol tiene dos _____
b Omar tiene _____
c Andrés tiene _____
d Carla no tiene _____
e Jacinta _____
f Maya _____

2 Empareja las preguntas con las respuestas.
Match the questions and answers.

1 ¿De qué color es tu pájaro? ☐
2 ¿Tienes un animal? ☐
3 ¿Tienes un perro? ☐
4 ¿Cómo se llama tu perro? ☐

a No, pero tengo tres hámsters.
b Se llama Atilano.
c Es verde, amarillo y azul.
d No, no tengo ningún animal.

3 ¿Qué animales tiene Juan?
Look at the pet passports and write about Juan's pets.

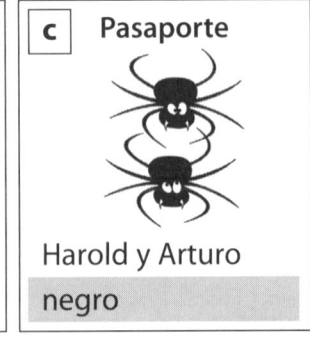

a Pasaporte	b Pasaporte	c Pasaporte	d Pasaporte
Pancho	Cirilo y Olga	Harold y Arturo	Julia
marrón	rojo verde	negro	amarillo

Ejemplo a *Tiene un perro marrón. Se llama Pancho.*

b _____
c _____
d _____

2.4 ¿Cómo eres?

Me presento

1 Lee las frases y dibuja las caras.
Read the sentences and draw the faces.

a   b    c    d

- **a** Tengo los ojos azules, el pelo largo y rizado. Llevo gafas.
- **b** No tengo pelo pero llevo barba. Tengo los ojos verdes.
- **c** Tengo el pelo negro y liso y los ojos castaños.
- **d** Tengo el pelo muy corto y rubio. Llevo bigote también.

2 Lee y mira la foto. Corrige los errores.
Read the advert and look at the photo. Correct the mistakes in the description.

Héctor

¡Hola, chicas! Me llamo ~~Federico~~ y busco amigas de Inglaterra, de Alemania, de Italia … Soy español ¡¡y muy guapo!! Tengo la piel morena y llevo bigote y gafas. Tengo el pelo largo y liso. ¡Escríbeme pronto!

3 Escribe frases.
Write sentences to describe the pictures.

a ELENA / ISABEL   b JAIME / JAIMITO   c YO / HERMANO   d JULIA / DANIELA

- **a** Elena es _____
- **b** Jaimito es _____
- **c** Yo _____
- **d** El pelo de Julia _____

2.5 Entre amigos — Me presento

1 **Lee la entrevista y pon los dibujos en el orden correcto.**
Read the interview and put the pictures in the correct order.

Fernando Alonso es el campeón mundial de Fórmula 1 y un piloto muy importante en España.

Entrevistador: ¡Hola, Fernando! ¿Qué tal?
F. A.: Bien, gracias, ¿y tú?
Entrevistador: Muy bien. Te llamas Fernando, pero ¿cuáles son tus apellidos?
F. A.: Mis apellidos son Alonso Díaz.
Entrevistador: ¿Cuántos años tienes?
F. A.: Tengo veinticinco años.
Entrevistador: ¿De dónde eres?
F. A.: Soy de Oviedo, una ciudad en el norte de España.
Entrevistador: ¿Tienes hermanos?
F. A.: Sí, tengo una hermana que se llama Lorena.
Entrevistador: ¿Cuántos años tiene?
F. A.: Tiene cinco años más que yo. Soy el benjamín de la familia.
Entrevistador: ¿Cuál es tu color favorito?
F. A.: El negro.
Entrevistador: ¿Tienes animales?
F. A.: No, ¡no tengo animales porque no tengo tiempo para cuidarlos con las competiciones!
Entrevistador: Gracias, Fernando.
F. A.: De nada.

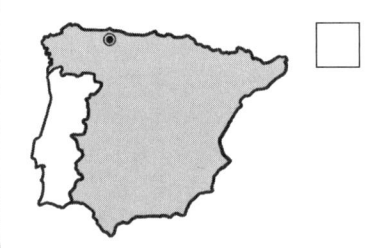

2 **Completa una ficha personal para tu deportista favorito/a.**
Complete the personal details for your favourite sportsperson.

Nombre completo: _____
Profesión: _____
Color de ojos: _____
Pelo: _____
Altura: _____
Peso: _____

2 Gramática

Me presento

> ### Flashback
> **Los verbos**
>
> | soy | tengo | me llamo |
> | eres | tienes | te llamas |
> | es | tiene | se llama |

1 Completa la carta de Blanca con los verbos apropiados.
Complete Blanca's letter with the appropriate verbs.

¡Hola! _____ Blanca y _____ de Sevilla.
_____ 14 años y hablo inglés y un poco de alemán.
_____ dos hermanas que se _____ Ana y Lucía. Ana _____ 12 años pero _____ más alta que yo. Lucía tiene 9 años así que yo _____ la mayor. Tengo un gato que se _____ Aníbal.
_____ negro y blanco. Y tú, ¿cómo _____?
¿Y cómo _____ tu familia? Escríbeme pronto.

llama   Es   Soy   Tengo   llaman   tiene   es   eres   soy   Tengo   soy   es

> ### Flashback
> **Agreements and plurals**
> un gato negro – unos gatos negros
> una serpiente amarilla – unas serpientes amarillas

2 Escribe el adjetivo correcto. *Write the correct adjective.*

a un perro (*black*) _____
b dos gatos (*grey*) _____
c unas arañas (*brown*) _____
d unos caballos (*white*) _____

3 ¿Qué animales hay? *Look at the notice board. Which animals need a home? Make notes.*

BUSCAMOS HOGAR

Ejemplo *Hay unas arañas negras...*

diecinueve **19**

2 Reto

Me presento

1a Busca las nacionalidades.
Look for the nationalities. There are five.

I	S	É	C	R	A	N	F
J	T	V	O	H	C	A	R
U	G	A	L	É	S	L	A
G	Y	N	L	R	F	E	N
S	A	P	I	I	M	M	C
L	B	N	W	T	A	Á	E
E	N	M	I	P	D	N	S
E	S	C	O	C	E	S	A

_____
_____
_____
_____
_____

1b Escribe las otras formas.
Write the other form, masculine or feminine, for each of the nationalities you found.

	masculino	femenino
Ejemplo	inglés	inglesa

2 Escribe las preguntas.
Write down as many questions as you can think of from what you have learnt in this unit.

| ¿De …? | ¿Qué …? | ¿Cómo …? | ¿Tienes …? | ¿Cuántos …? | ¿Cuántas …? |

_____ _____
_____ _____
_____ _____
_____ _____

3 Describe a tu mejor amigo/a en la página 23.
Describe your best friend on page 23.

2 Vocabulario — Me presento

Las nacionalidades	*Nationalities*
¿Cuál es tu nacionalidad?	*What is your nationality?*
alemán/alemana	*German*
escocés/escocesa	*Scottish*
español/española	*Spanish*
estadounidense	*American*
francés/francesa	*French*
galés/galesa	*Welsh*
inglés/inglesa	*English*
irlandés/irlandesa	*Irish*
italiano/italiana	*Italian*
portugués/portuguesa	*Portuguese*

Los países	*Countries*
Alemania	*Germany*
Escocia	*Scotland*
España	*Spain*
Estados Unidos	*United States*
Francia	*France*
Gales	*Wales*
Irlanda	*Ireland*
Inglaterra	*England*
Italia	*Italy*
Portugal	*Portugal*

¿De dónde eres?	*Where are you from?*
Soy de…	*I am from…*
¿Qué idiomas hablas?	*What languages do you speak?*
Hablo (un poco de)…	*I speak (a little)…*

La familia	*Family*
¿Cuántas personas hay en tu familia?	*How many people are in your family?*
En mi familia hay…/tengo…	*In my family there is…/there are…/I have…*
un padre/una madre	*a father/a mother*
un abuelo	*a grandfather*
una abuela	*a grandmother*
un hijo/una hija	*a son/a daughter*
un hermano	*a brother*
una hermana	*a sister*
unos hermanos	*brothers (or brothers and sisters)*
un hermanastro	*a stepbrother*
una hermanastra	*a stepsister*
un tío/una tía	*an uncle/an aunt*
un primo	*a cousin (boy)*
una prima	*a cousin (girl)*
los padres	*parents*
los abuelos	*grandparents*
¿Cómo se llama?	*What is he/she called?*
¿Cómo se llaman?	*What are they called?*
¿Tienes hermanos?	*Do you have any brothers or sisters?*
Soy hijo/a único/a.	*I'm an only child.*

Los animales	*Animals*
una araña	*a spider*
un caballo	*a horse*
un cerdo	*a pig*
un conejo	*a rabbit*
un gallo	*a cockerel*
un gato	*a cat*
un hámster	*a hamster*
un pájaro	*a bird*
un perro	*a dog*
una rana	*a frog*
una serpiente	*a snake*

Los colores	*Colours*
¿De qué color es?	*What colour is it?*
Es…	*It is…*
amarillo/a	*yellow*
azul/gris	*blue/grey*
blanco/a	*white*
marrón/verde	*brown/green*
negro/a	*black*
rojo/a	*red*

Descripción personal	*Physical description*
¿Cómo eres?	*What do you look like?*
Soy…	*I am…*
¿Cómo es?	*What does he/she/it look like? What do you (usted) look like?*
Es…	*He/She/It is…/You (usted) are…*
calvo/a	*bald*
moreno/a	*dark*
pelirrojo	*red-haired*
el pelo	*hair*
castaño/rubio	*chestnut/fair*
corto/largo	*short/long*
liso/rizado	*straight/curly*
una barba/un bigote	*a beard/a moustache*
las gafas	*glasses*
alto/a	*tall*
bajo/a	*short*
muy	*very*
bastante	*quite*
un poco	*a little bit*

2 Ya sé... checklist — Me presento

See page 12 of this book for advice on using the checklist.

Learning objectives	Check	Prove it!
I can say where I am from.	☐ ☐	Get your partner to test you.
I can ask other people where they are from.	☐ ☐	Get your partner to test you.
I can name countries in Spanish.	☐ ☐	Give the Spanish for: France, the United States, Spain, Morocco.
I can say what nationality I am.	☐ ☐	Get your partner to test you.
I can ask others what nationality they are.	☐ ☐	Get your partner to test you.
I can say where I am from.	☐ ☐	Get your partner to test you.
I can ask people where they are from.	☐ ☐	Get your partner to test you.
I can say what languages I speak.	☐ ☐	Get your partner to test you.
I can ask somebody what languages they speak.	☐ ☐	Get your partner to test you.
I can say how many brothers and sisters I have.	☐ ☐	Get your partner to test you.
I can ask someone how many brothers and sisters they have.	☐ ☐	Get your partner to test you.
I can talk about members of my family and say their names.	☐ ☐	Get your partner to test you.
I can say what pets I have and describe them, saying what colour they are.	☐ ☐	Get your partner to test you.
I can say what kind of hair I have.	☐ ☐	Get your partner to test you.
I can say what kind of hair somebody else has.	☐ ☐	Get your partner to test you.
I can say what colour eyes I have.	☐ ☐	Get your partner to test you.
I can say what colour eyes somebody else has.	☐ ☐	Get your partner to test you.
I can describe myself.	☐ ☐	Get your partner to test you.
I can describe my friends.	☐ ☐	Get your partner to test you.
I can compare people using the comparative.	☐ ☐	Say 'Carlos is taller than Luis'.

2 Para escribir — Me presento

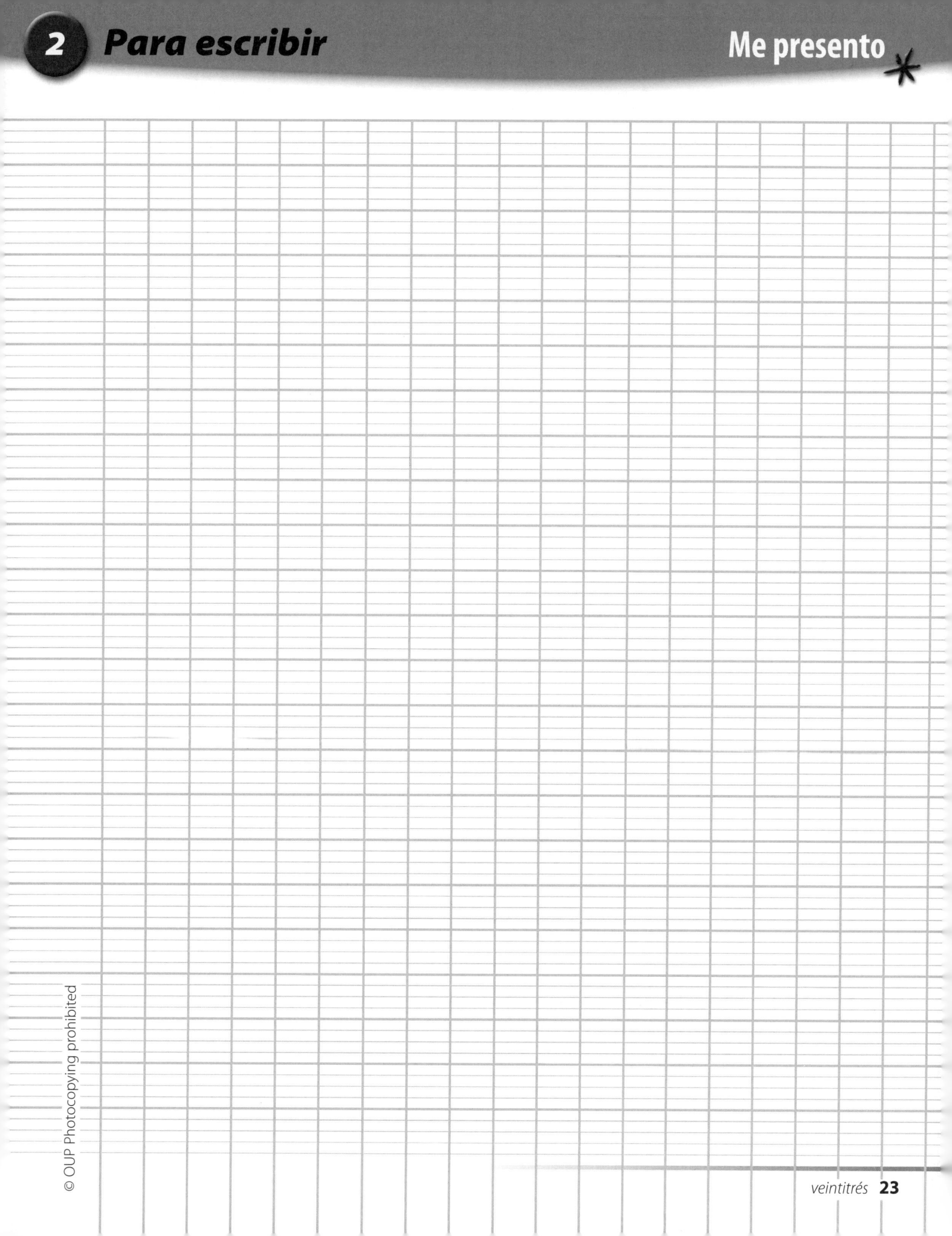

3.1 ¿Adónde vas? En el pueblo

1 ¿Cuáles de estos lugares aparecen en la ilustración?
Tick the places that you can find in the picture.

- a el centro comercial ☐
- b el cine ✔
- c el parque
- d el café
- e el restaurante
- f el estadio
- g el polideportivo
- h el supermercado
- i el hospital
- j el colegio
- k la playa
- l la estación de autobuses
- m la estación de RENFE
- n la plaza de toros
- o la discoteca

2 ¿Dicen la verdad? Escribe Verdad (✔) o Mentira (✘).
*Are they telling the truth? Write **Verdad** (✔) or **Mentira** (✘).*

- a Voy al restaurante. __Mentira__
- b Voy al hospital. _____
- c Voy al estadio. _____ 
- d Voy al hotel. _____
- e Voy al polideportivo. _____
- f Voy a la discoteca. _____

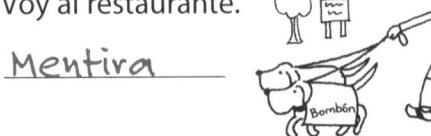

3 Mira los dibujos en el ejercicio 2 y contesta las preguntas.
Look at the pictures in exercise 2 and answer the following questions.

- a ¿Adónde va Rubén? __Rubén va al cine.__
- b ¿Adónde va Bombón? _____
- c ¿Adónde va Enrique? _____
- d ¿Adónde va Catalina? _____

3.2 ¿Dónde está?   En el pueblo

1 **Completa los espacios con las palabras de la caja.**
Fill in the gaps with the words from the box provided.

a La estación de tren está bastante ___lejos___ .

b El parque está _____ cerca.

c Bilbao está a diez minutos _____ .

d La biblioteca está bastante _____ .

e El café internet está a diez minutos _____ .

f La tienda está _____ cerca.

bastante
en coche
andando
cerca
lejos ✔
muy

2 **¿Adónde vas?** *Where are you going?*

a Sigue todo recto y toma la segunda a la izquierda. Está a mano izquierda.   ___El cine___

b Sigue todo recto, toma la primera a la derecha, después la primera a la izquierda, está a la izquierda.   _____

c Sigue todo recto, toma la segunda a la derecha y la primera a la izquierda. Está a la derecha.   _____

d Sigue todo recto, toma la segunda a la izquierda, está a la derecha. _____

3 **Escribe cuatro frases en la página 33 para explicar a un amigo cómo ir de… a…**
Write four sentences on page 33 similar to those in exercise 2, to explain to your friend how to go from… to…

a del cine al colegio
b del restaurante al café internet
c de la biblioteca al cine
d de RENFE al parque

3.3 ¿Por dónde se va a...? En el pueblo

1 Empareja las palabras con los dibujos.
Match the words with the pictures.

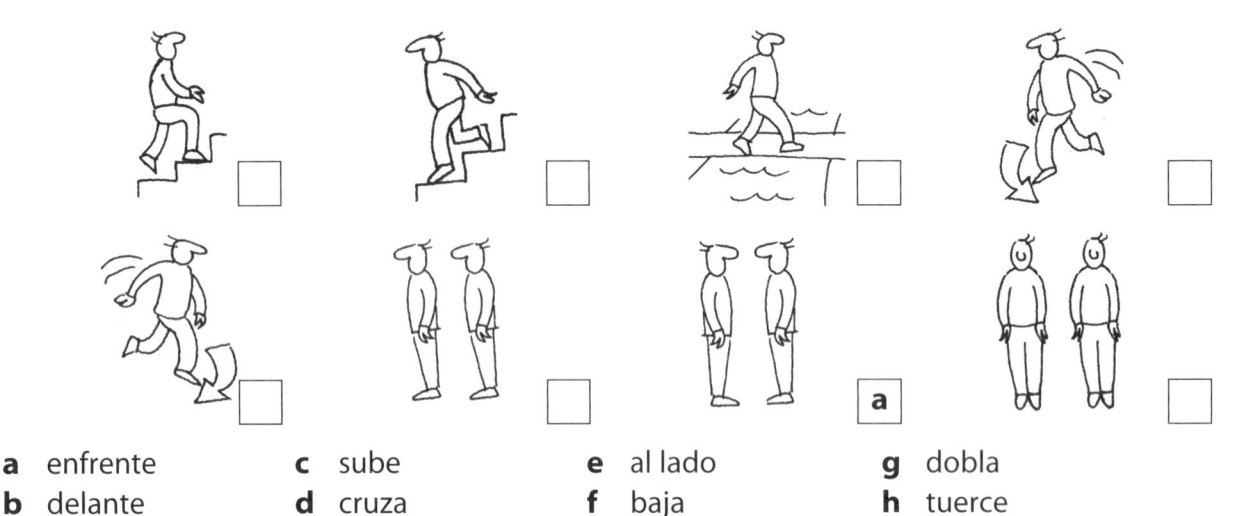

- **a** enfrente
- **b** delante
- **c** sube
- **d** cruza
- **e** al lado
- **f** baja
- **g** dobla
- **h** tuerce

2 Pon estos lugares en el mapa.
Place these locations on the map.

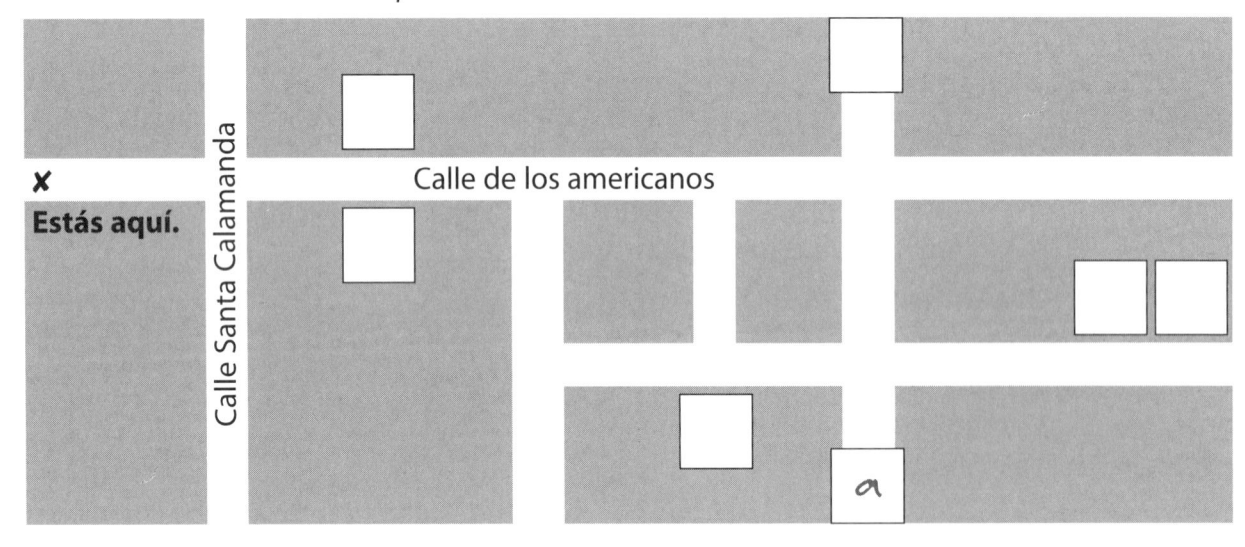

x Estás aquí.
Calle Santa Calamanda
Calle de los americanos

- **a** ¿El hospital? Sube la calle, toma la tercera a la derecha y está al final.
- **b** ¿La biblioteca? Cruza la Calle Santa Calamanda y está muy cerca a mano derecha.
- **c** Sube la Calle de los americanos, dobla la tercera a la derecha y la primera a la izquierda. El colegio está a la izquierda.
- **d** ¿La plaza de toros? Dobla la segunda a la izquierda y está al final de la calle.
- **e** El cine está enfrente de la biblioteca.
- **f** El restaurante está al lado del colegio.

3 Escribe unas líneas en la página 33. Cuéntale a un amigo cómo ir del colegio a tu casa.
*Write a few lines on page 33 to explain to a friend how to go from school to your house.
If it is too far to walk, then tell him/her how to get to the nearest shop.*

26 veintiseis

3.4 ¿Cómo es tu ciudad? — En el pueblo

1 Completa el crucigrama en español.
Complete the crossword in Spanish.

Across:
- 4 pretty
- 6 industrial
- 7 modern
- 8 noisy

Down:
- 1 quiet
- 2 historic
- 3 old
- 5 interesting

2 Lee el texto y escribe los nombres que faltan.
Read the weather forecast and write the cities on the map.

Hoy en el norte de España hace buen tiempo: en Barcelona hace sol y hace calor y en Bilbao también hace sol. En el centro de España, en Madrid, hace calor pero llueve y más al sur, en Granada, ¡nieva! ¡Sí, nieva! En Valencia hace viento pero hace calor y en Murcia hay tormenta. En Córdoba hace frío pero hace sol y en Almería hoy hay niebla.

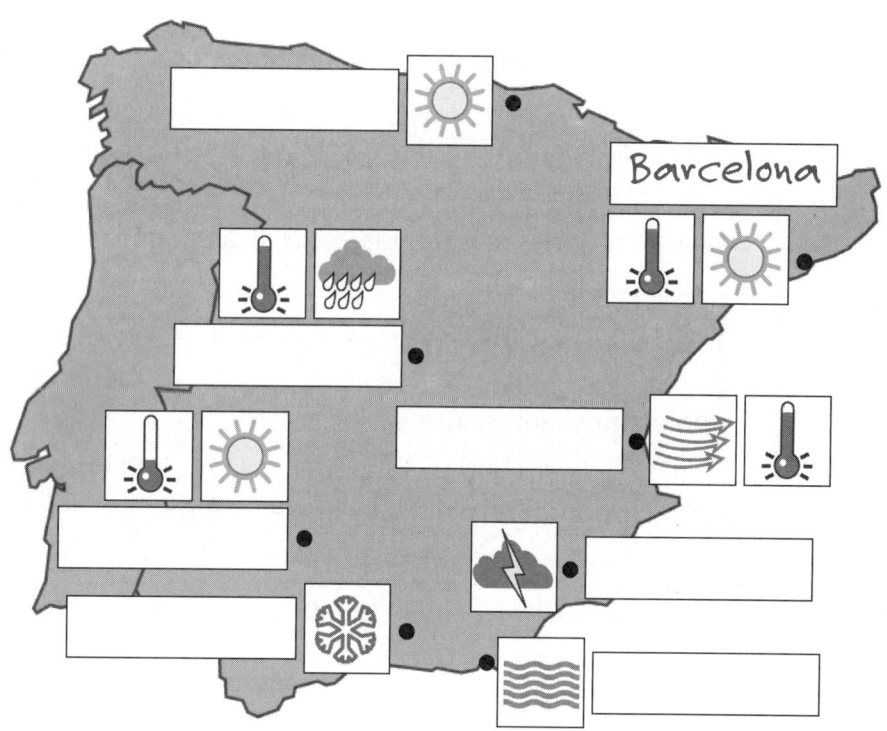

3 Ahora escribe en la página 33 el parte meteorológico para Gran Bretaña según los dibujos.
Use page 33 to write the weather forecast for Great Britain as follows:

- a Southampton 
- b Cardiff 
- c Londres 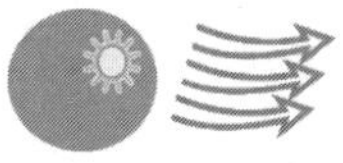
- d Liverpool 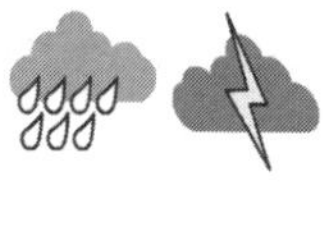
- e Glasgow 
- f Edimburgo

3.5 Entre amigos — En el pueblo

1. Escoge la palabra correcta de la caja para completar el párrafo.
Choose the correct word from the box to complete the paragraph.

¡Ven a Valencia! Valencia es una __ciudad__ antigua y moderna.

Está en el _____ E de _____ cerca de Denia y Alicante, en la conocida Costa Blanca.

En Valencia hay siempre muchos _____ porque hay museos muy interesantes y _____ muy bonitas.

Durante todo el año hace _____ aunque a veces _____. Generalmente hace calor y hace _____.

En la ciudad para visitar hay mucha variedad. El _____ es una de las atracciones más populares. Es el acuario más grande de Europa con 42 millones de agua, más de 500 especies e incluso un _____. Valencia es también muy famosa por _____, que son hogueras donde queman estatuas de políticos y de gente famosa hechas especialmente para esa ocasión.

| Las Fallas | buen tiempo | España | ciudad ✔ | llueve | este |
| sol | Oceanogràfic | turistas | playas | submarino | |

2. Contesta las siguientes preguntas en inglés.
Answer the following questions in English.

a Where is Valencia? _____
b Name one adjective that describes the city. _____
c Why are there many tourists in Valencia? _____
d Generally speaking, what is the weather in Valencia like? _____
e What is one of the most popular attractions of the city? _____
f What do they burn in Las Fallas? _____

3 Gramática — En el pueblo

1 Verbo *ir*: Escoge la forma apropiada para cada dibujo.
*Verb **ir**: Choose a word from the box for each picture.*

voy	vas	va	va
vamos	vais	van	

a) va b) ___ c) ___ d) ___
e) ___ f) ___ g) ___

2a Verbo *ir*: Hay cinco errores en el texto. Subráyalos.
*Verb **ir**: Find the five grammatical errors, including the example, in the text. Underline them.*

Yo vas al polideportivo por la mañana. Después yo vas al colegio y por la tarde voy al centro comercial. Mis amigos van a la playa y mis abuelos vamos a la plaza de toros. Por la tarde, mi hermano voy a la discoteca pero mis padres y yo vamos al cine. Mis amigos voy al restaurante y mis tíos van al café internet.

2b Escribe el texto de nuevo en la página 33 corrigiendo los errores.
Rewrite the text on page 33, correcting the errors that you have found.

3 Preposiciones: Escribe la frase utilizando *al* o *a la*.
*Prepositions: Write the sentences choosing **al** or **a la** as necessary.*

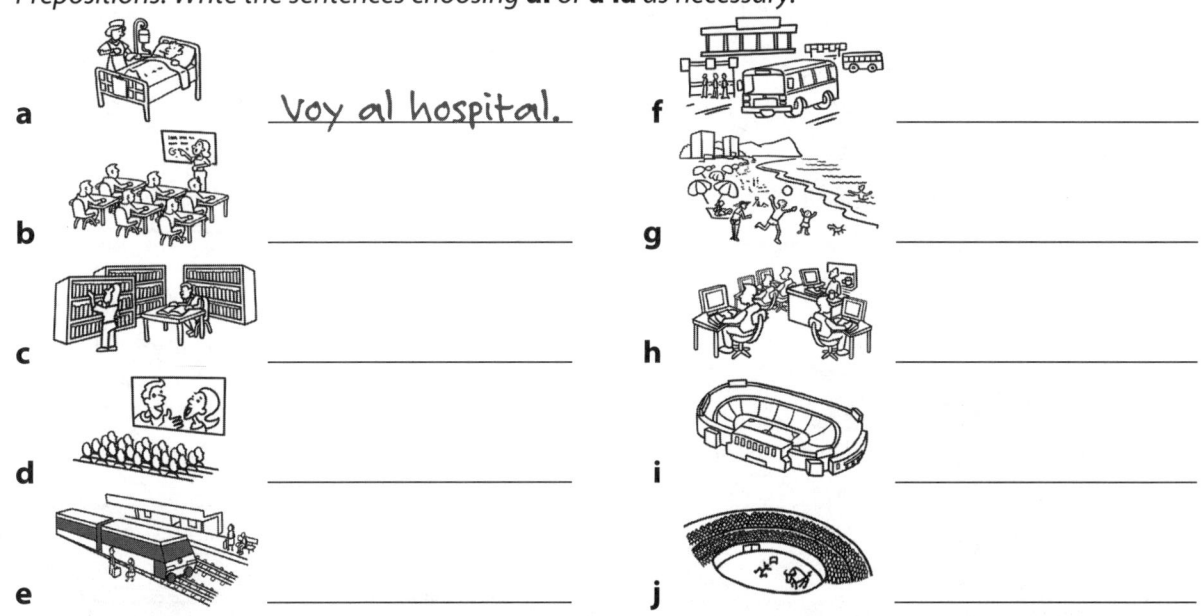

a Voy al hospital.
b ___
c ___
d ___
e ___
f ___
g ___
h ___
i ___
j ___

3 Reto   En el pueblo

1 Completa el párrafo. Escribe las palabras que faltan según los dibujos.
Complete the paragraph. Write in the missing words according the pictures.

En mi ciudad hay __un cine__ 🎬, un hospital, un colegio y una

_____ 🚃. ¡Ah! También hay una _____ 🚌

pero no hay _____ 💃 ni estadio.

El polideportivo está _____ 🚶‍♂️🚶‍♂️ de la plaza de toros. Hay un café

internet _____ 🚶‍♂️🚶‍♂️ de la catedral. El _____ 🏃

está a diez minutos en _____ 🚗. Al _____ 🅣

de la Calle Cervantes hay un parque.

Mi ciudad es bonita pero _____ 🚚. También es antigua e

_____ 🏛️. En verano hace mucho _____ ☀️

y hace calor, aunque a veces _____ 🌧️ y hace viento. En invierno

hace mal tiempo, _____ 🌡️ y _____ ❄️.

2 Preguntas y respuestas se han mezclado. Únelas con flechas.
Questions and answers have got mixed up. Join them with arrows.

1 ¿Adónde vas?   a Va al supermercado.
2 ¿Qué tiempo hace?   b Tuerce la segunda a la derecha, sube la calle
3 ¿Adónde va Josefa?   y está al final.
4 ¿Dónde está el hospital? c No, está bastante cerca, a diez minutos andando.
5 ¿Está lejos?   d Voy al estadio.
6 ¿Por dónde se va al parque? e El hospital está al lado del polideportivo.
                            f Hace bastante frío pero no llueve.

3 Escribe los contrarios.
Write down the opposite of the following words or phrases.

a hace calor   __hace frío__   d hace buen tiempo _____
b a la derecha _____   e cerca   _____
c sube   _____   f ruidoso   _____

30 *treinta*

Vocabulario — En el pueblo

Lugares en la ciudad — *Places in town*
la biblioteca — *the library*
el café/el café Internet — *the café/cybercafé*
la calle — *the street*
la catedral — *the cathedral*
el centro comercial — *the shopping mall*
el cine — *the cinema*
el colegio — *the school*
la discoteca — *the disco/nightclub*
la estación de autobuses — *the bus station*
la estación de trenes/de RENFE — *the train station*
el estadio — *the stadium*
el hospital — *the hospital*
el parque — *the park*
la playa — *the beach*
la plaza de toros — *the bullring*
el polideportivo — *the sports centre*
el restaurante — *the restaurant*
el supermercado — *the supermarket*
la tienda — *the shop*

Las direcciones — *Directions*
a la derecha — *on the right*
a la izquierda — *on the left*
todo recto/derecho — *straight on*
toma (tú)/tome (usted) — *take*
la primera a la derecha — *the first on the right*
la segunda a la derecha — *the second on the right*
la tercera a la derecha — *the third on the right*
sigue (tú)/siga (usted) — *keep going*
dobla (tú)/doble (usted) — *turn*
tuerce (tú)/tuerza (usted) — *turn*
sube (tú)/suba (usted) — *go up*
baja (tú)/baje (usted) — *go down*
cruza (tú)/cruce (usted) — *cross*
¿Por dónde se va al…/a la…? — *How do you get to…?*
¿Hay un…/una… por aquí? — *Is there a… round here?*
¿Dónde está…? — *Where is…?*
Está… — *It is…*
al final de la calle — *at the end of the street*
enfrente del…/de la… — *opposite*
al lado del…/de la… — *next to*
delante del…/de la… — *in front of*
cerca — *near*
lejos — *far*
a diez miutos andando — *10 minutes away on foot*
a diez miutos en coche — *10 minutes away by car*
a diez kilómetros — *10 kilometres away*

¿Cómo es? — *What is it like?*
antiguo/a — *old*
bonito/a — *pretty*
histórico/a — *historic*
industrial — *industrial*
interesante — *interesting*
moderno/a — *modern*
ruidoso/a — *noisy*
tranquilo/a — *quiet*

En mi ciudad hay… — *In my town there is/are…*
un castillo — *a castle*
un monumento — *a monument*
un museo — *a museum*
la polución — *pollution*
el tráfico — *traffic*
mucho/a — *many/much/a lot of*
muy — *very*

El tiempo — *The weather*
¿Qué tiempo hace? — *What's the weather like?*
Hace calor — *It's hot*
Hace frío — *It's cold*
Hace sol — *It's sunny*
Hace buen tiempo — *The weather is nice*
Hace mal tiempo — *The weather is bad*
Hace viento — *It's windy*
Hay niebla — *It's foggy*
Hay tormenta — *It's stormy*
Llueve — *It's raining*
Nieva — *It's snowing*
el norte — *the north*
el sur — *the south*
el este — *the east*
el oeste — *the west*

3 Ya sé... checklist — En el pueblo

See page 12 of this book for advice on using the checklist.

Learning objectives	Check	Prove it!
I can name places in town.	☐ ☐	Give the names for: town centre, cinema, supermarket and the tourist office.
I can ask someone where he/she is going.	☐ ☐	Get your partner to test you.
I can say where I am going in town.	☐ ☐	How do you say 'I am going to the cinema' and 'I am going to the swimming pool' in Spanish?
I can give directions.	☐ ☐	Say 'It is on the right' and 'Go straight ahead' in Spanish.
I can ask for directions.	☐ ☐	How do you say 'Where is the park?' and 'Where is the café?' in Spanish?
I can give directions in more detail.	☐ ☐	Ask your partner to make up three directions to get to the cinema.
I can understand the difference between the *tú* and *usted* forms of the imperative.	☐ ☐	Give the *tú* and *usted* forms of 'Take the first on the left' in Spanish.
I can say if a place is near or far.	☐ ☐	Get your partner to test you.
I can say where places are in town.	☐ ☐	Say 'The school is in front of the library' and 'The school is next to the café'.
I can describe my town.	☐ ☐	Get your partner to test you.
I can talk about the weather.	☐ ☐	Say what the weather is like in the south of Spain and in Madrid.
I can understand the difference between *muy* and *mucho*.	☐ ☐	Explain this to your partner.

3 Para escribir

En el pueblo

4.1 Mi casa es... — En mi casa

1a Lee la descripción. ¿Qué casa es: A, B o C? Pon una señal en la casilla correcta.
Read the description. Which house is it: A, B or C? Put a tick in the correct box.

A ☐   B ☐   C ☐

> Tengo mi casa en el campo. No está cerca de la playa, pero me gusta mucho. Es una casa antigua y es bastante grande. Tiene un jardín con muchos árboles de frutas.

1b Escribe una descripción de una de las otras casas.
Write a description of one of the other houses.

_____

_____

2 Lee y completa el email.
Read Susana's email and complete it using the words in the box.

Vivo en un piso _____ moderno. Está en el _____ de Barcelona. Es bastante _____ pero no me gusta mucho. ¿Cómo _____ tu casa? ¿_____ en la ciudad o en el _____? ¿Es grande o _____? Mi casa ideal está en la _____ en el Caribe. Tiene piscina y _____ para todos mis amigos.

| playa | Está | grande | dormitorios | centro | pequeña | es | muy | campo |

3 Habla con un/a compañero/a. ¿Cómo es su casa ideal? Descríbela en la página 43.
Ask a partner about his/her ideal house. What features does it have? Write a description on page 43.
Ejemplo Es… Está…

34 treinta y cuatro

4.2 En mi dormitorio — En mi casa

1 Escribe los nombres.
Write the names of the objects.

unas cortinas _____ _____ _____

_____ _____ _____ _____

2 Escribe las frases en español.
Write the sentences in Spanish.

a There are some posters on the wall. _____

b I have a wardrobe behind the door. _____

c My bedroom doesn't have curtains. _____

d There isn't a television in my bedroom. _____

e I have a chair in front of the window. _____

f The bed is in the middle of the room. _____

g There's a telephone on top of the shelving unit. _____

h I have my radio opposite. _____

3 Lee y dibuja el dormitorio en la página 43.
Read the description below and draw a plan of the bedroom on page 43.

En mi dormitorio tengo una cama pequeña al lado de la ventana. Detrás de la puerta hay una estantería con muchos libros y CDs. Enfrente tengo una mesa con un ordenador y una silla grande. También hay un armario a la izquierda de la cama.

treinta y cinco 35

4.3 Las habitaciones — En mi casa

1 Completa el crucigrama. ¿Qué palabra encuentras?
Complete the crossword. What word do you find?

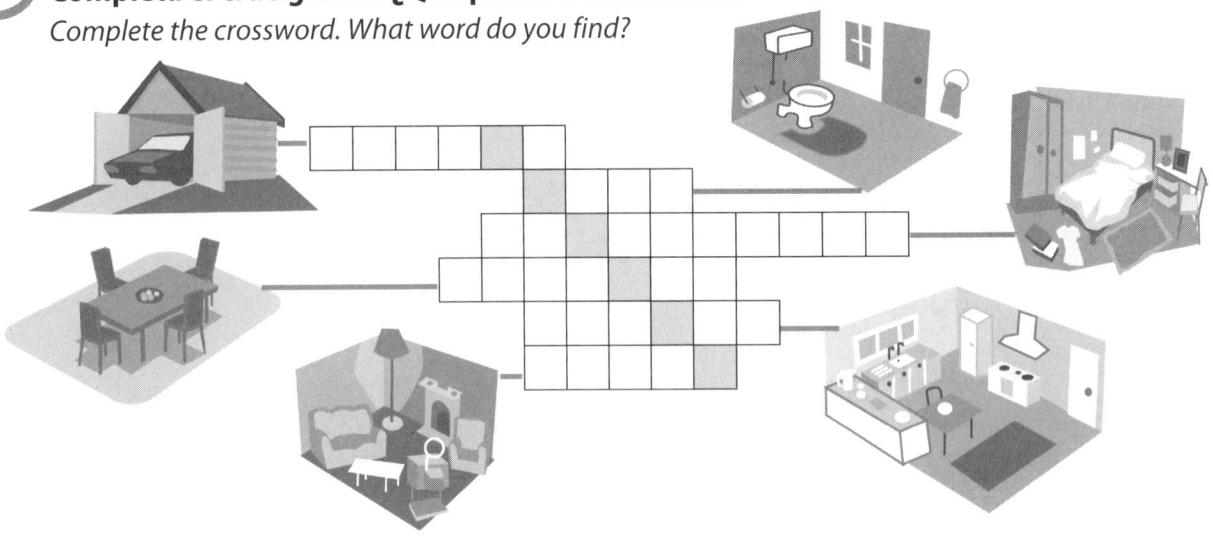

2 Lee y escoge la palabra correcta.
Read the text and choose the correct word from the box.

En mi casa _____ tres dormitorios. La casa _____ un salón grande

que _____ en el primer piso. Al lado del salón _____ un comedor.

En el segundo piso _____ el cuarto de baño. _____ moderno.

También _____ un balcón pero la casa no _____ jardín.

| tiene | tiene | hay | hay | hay | es | está | está |

3 Describe la casa de una de estas personas/familias en la página 43.
Describe the house of one of the following on page 43.

a   b   c

36 treinta y seis

4.4 Mi rutina diaria — En mi casa

1a Lee los textos. ¿Cuál es la rutina de Roberto: a, b o c?
Read the texts. Which is the description of Roberto's routine: a, b or c?

a Me despierto a las siete, me levanto y me lavo los dientes. Me ducho a las ocho y me visto. Desayuno y luego salgo de casa.
b Me levanto a eso de las siete y media y me ducho. Desayuno, me lavo los dientes y me visto. Siempre salgo de casa antes de las nueve.
c Desayuno en la cama. Después me levanto y me visto. No me ducho. Voy al instituto a las ocho y media.

antes de	before
siempre	always
después/luego	next/then
y media	half past

1b Escribe un texto sobre la rutina de Rachida.
Write a similar text about Rachida's routine.

2 Pon las palabras en el orden correcto.
Put the words in the correct order to make sentences.

a te qué a ? levantas ¿ hora _____
b las lavo me once y dientes me los acuesto a _____
c ? ocho a te ¿ duchas las _____
d viste Julia hora ¿ qué ? a se _____
e cereales y peina desayuna se _____

3 Escribe frases sobre la rutina de Penélope Perezosa (lazy Penelope) en la página 43.
Write about lazy Penelope's routine on page 43.

Ejemplo Me despierto a las ocho, pero me levanto a las diez. No me ducho...

treinta y siete 37

4.5 Entre amigos — En mi casa

1 **Lee el texto sobre Huapoca. Rellena los espacios con** *hay*, *es*, *están* **o** *tienen*.
¡No mires tu libro!
*Read the text about Huapoca. Fill in the gaps with **hay**, **es**, **están** or **tienen**. Don't look in your book!*

> **HUAPOCA**
>
> En el Cañón de Huapoca en el norte de México _____ las casas-cueva de "Cuarenta Casas" y "Cueva Grande". _____ 800 años. Hoy están en ruinas. _____ un importante sitio arqueológico, pero no _____ una atracción turística. _____ una región muy remota y no _____ transporte. Las casas _____ cerca de un río en una cueva detrás de una cascada de agua. _____ paredes grandes con puertas y ventanas. En el río _____ una piscina natural. _____ un sitio mágico para vivir.

2a **Lee el texto sobre Guadix. Subraya todas las palabras que tienen que ver con casas.**
Read the text about Guadix. Underline all the words that are to do with houses.

> **GUADIX**
>
> En Guadix, en las montañas cerca de la ciudad de Granada en el sur de España, hay casas-cueva. La diferencia es que hay familias que viven en las casas-cueva de Guadix.
>
> Típicamente al exterior es una casa normal, con <u>ventanas</u> y puerta. Pero las habitaciones de la casa están dentro de la cueva. Son casas modernas, con cuarto de baño, dormitorios, cocina y salón, y tienen televisión y teléfono, como una casa normal.
>
> Son un atractivo para los turistas. Una de las casas es un hotel: ¡una cueva con jacuzzi, piscina, sala de conferencias y acceso para discapacitados!
>
> Las casas tienen 500 años. Son tradicionales, pero prácticas porque tienen una temperatura constante de 19 grados: perfecto durante el calor de agosto y aceptable durante el frío de diciembre.

2b **Escribe los adjetivos.** *Write down all the adjectives.*

Ejemplo *normal* _____

3 **Escribe unas frases sobre una casa extraordinaria.**
Write a few sentences about an unusual house.

Es _____
Está _____
Hay _____
Tiene _____

4 Gramática — En mi casa

Flashback
La casa es pequeña. (describing what it's like)
La casa está en el campo. (describing its location)

1a Completa las preguntas.
Complete the questions.

a ¿Cómo _____ tu casa?
b ¿_____ moderna o antigua?
c ¿_____ en el centro de la ciudad o _____ en las afueras?
d ¿Tu casa _____ grande?
e ¿Dónde _____ exactamente?

1b Eres una persona famosa. Contesta las preguntas de 1a.
Choose a celebrity and answer the questions in 1a as if you are him or her.

a _____
b _____
c _____
d _____
e _____

Flashback
Reflexive verbs
Me despierto   Te despiertas   Se despierta

2 Escribe las frases en inglés.
Write these sentences in English.

a Me acuesto a las once. _____
b Se peina y se viste. _____
c ¿Te levantas a las ocho? _____
d No, me levanto siempre a las nueve. _____
e A las siete te duchas, ¿no? _____
f No se lava los dientes. _____

3 Eres Lechoso. Mira los dibujos y describe tu rutina en la página 43.
You are Lechoso. Look at the pictures and describe your routine on page 43.

treinta y nueve 39

4 Reto — En mi casa

1 Las casas no se venden: ¿por qué? ¿Qué no tienen/no hay?
Why do you think these houses can't be sold? List what is missing.

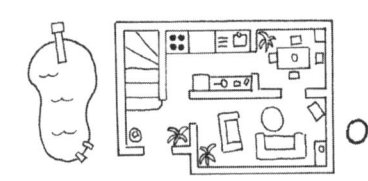

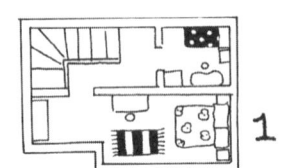

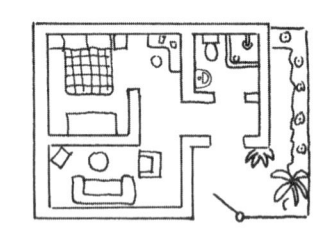

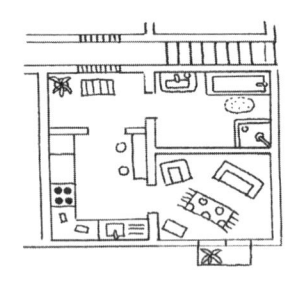

_____   _____   _____

2 Contesta las preguntas sobre tu dormitorio.
Answer the questions about your bedroom.

a ¿Dónde está tu dormitorio? (¿en el primer piso, en el segundo piso…?)
_____

b ¿Es grande o pequeño? _____

c ¿Tienes muchos muebles [*furniture*] en tu dormitorio? (Sí, tengo…/No, solamente tengo…)
_____

d ¿Dónde están los muebles? _____

e ¿Hay muchas cosas en tu dormitorio? (Sí, hay…/No, solamente hay…)
_____

f ¿Dónde están las cosas? _____

3 Describe tu rutina. Primero eres la Señorita Perfecta, después la Señorita Dormilona.
Write about your routine, first as Miss Perfect, then as Miss Sleepyhead.

Srta Perfecta   **Srta Dormilona**

_____   _____
_____   _____
_____   _____
_____   _____

4 Vocabulario — En mi casa

Tipos de casa	**Types of house**
una casa	a house
una casa adosada	a semi-detached house
una granja	a farm
un piso	a flat
está en el campo	it is in the country
está en la ciudad	it is in the city
está en las afueras	it is on the outskirts
está en las montañas	it is in the mountains
está en la costa	it is on the coast
está en el centro	it is in the centre
está en un barrio	it is in the suburbs
¿Cómo es tu casa?	What is your house like?
es antiguo/a	it is old
es enorme	it is enormous
es grande	it is big
es histórico	it is historical
es moderno/a	it is modern
es nuevo/a	it is new
es pequeño/a	it is small

En mi dormitorio	**In my bedroom**
una alfombra	a rug
una cama	a bed
un espejo	a mirror
unas estanterías	a shelving unit
una lámpara	a lamp
una mesa	a table
un ordenador	a computer
un póster	a poster
la puerta	the door
una silla	a chair
un televisor	a television
una ventana	a window

¿Dónde está?	**Where is it?**
a la derecha	on the right
a la izquierda	on the left
al lado de	next to
delante de	in front of
detrás de	behind
en	in/on
en medio de	in the middle of
enfrente de	opposite

Habitaciones	**Rooms**
el aseo	toilet
la cocina	kitchen
el comedor	dining room
el cuarto de baño	bathroom
el despacho	office
el dormitorio	bedroom
las escaleras	stairs
el garaje	garage
el jardín	garden
el salón	living room
dos dormitorios	two bedrooms
la planta baja	the ground floor
el primer piso	the first floor
el segundo piso	the second floor
el tercer piso	the third floor

La rutina diaria	**My daily routine**
ceno	I have supper
como	I eat
desayuno	I have breakfast
me acuesto	I go to bed
me despierto	I wake up
me ducho	I shower
me lavo los dientes	I clean my teeth
me levanto	I get up
me peino	I comb my hair
me visto	I get dressed
salgo	I go out
voy	I go

4 Ya sé... checklist — En mi casa

See page 12 of this book for advice on using the checklist.

Learning objectives	Check	Prove it!
I can say where my house is.	☐ ☐	*Get your partner to test you.*
I can say what my house is like.	☐ ☐	*Get your partner to test you.*
I can use *es* and *está*.	☐ ☐	*Say 'It is a modern house.' and 'It is in the city.'*
I can make adjectives agree for masculine and feminine nouns.	☐ ☐	*Say 'It is a modern house.' and 'It is an old flat.'*
I can say what things are in my bedroom and whereabouts they are.	☐ ☐	*Get your partner to test you.*
I can use prepositions.	☐ ☐	*Say 'The cat is on the bed.' and 'The book is next to the door.'*
I can say what rooms are in my house.	☐ ☐	*Get your partner to test you.*
I can use the Spanish for 'a/an' and 'the' correctly.	☐ ☐	*Say: a book, the book, a house, the houses.*
I can find ways to avoid repeating *hay*.	☐ ☐	*Explain to your partner.*
I can describe my daily routine.	☐ ☐	*Get your partner to test you.*
I can recognise reflexive verbs.	☐ ☐	*Explain to your partner.*

4 Para escribir

En mi casa

5.1 En mis ratos libres — Los pasatiempos

1 Mira los dibujos de las actividades que Rocío hace en su tiempo libre.
Look at the pictures of the activities that Rocío does in her free time.
Find them in the word snake. What is missing?

_____

bailarnadarescucharmúsicaleerverlatelevisióntocarlaguitarrahablarporteléfonoiralaplaya

2 Lee lo que dicen estos chicos y mira la tabla. ¿Es verdad (✔) o mentira (✘)?
Read what these Spanish young people say and look at the table. Place a tick or a cross in the box.

- **a** Abelardo: Me encanta bailar con mi hermana. ✘
- **b** Charo: Me encanta leer y me chifla ver la televisión.
- **c** Domingo: Odio leer pero me gusta hablar por teléfono.
- **d** Javier: Si llueve, me chifla ir a la playa pero odio ver la televisión.
- **e** Carla: Me encanta leer y también me gusta nadar.
- **f** Sandra: No me gusta ir a la playa, pero me gusta navegar por internet.

3 Corrige las frases incorrectas del ejercicio 2. Hay más de una respuesta correcta.
Correct the incorrect sentences from exercise 2. There is more than one correct answer.

_____ _____

_____ _____

5.2 ¿Qué deportes practicas?   Los pasatiempos

1a Completa la tabla de contrarios.
Complete the table of opposites.

español	inglés	El contrario en español es…	Y en inglés…
rápido	fast	lento	slow
	fun		
		relajante	
difícil			

1b Ahora escribe cuatro frases utilizando algunos de estos adjetivos.
Now write four sentences using some of these adjectives.
Ejemplo Me gusta la vela porque es relajante.

_____
_____
_____
_____

2 Lee esta entrevista de radio imaginaria. El sonido no es muy bueno y faltan palabras o trozos.
Read this imaginary radio interview. The sound is not very clear and there are words or parts of words missing. Can you complete it?

Locutor: Hola, b_____ días Ronaldinho, ¿Qúe depo____ _____s?

Ronaldinho: Practico la n_____ y en invierno el esquí. También _____ al _____ con el Barça.

Locutor: ¿Juegas al __lon_____?

Ronaldinho: No, no __ gusta el __lonc____ porque es a_____o.

Locutor: ¿Practicas el c_____?

Ronaldinho: A veces sí, practic_ el c_____ con amigos porque es r_____e y no es vio_____ como el fútbol.

Locutor: ¿Jueg__ al rugby?

Ronaldinho: No, no juego al rugby.

Locutor: ¿Por qué?

Ronaldinho: P_____ es __lig___o.

Locutor: Gracias Ronaldinho.

Ronaldinho: De nada, a____!

3 Ahora contesta las preguntas para ti mismo.
Now use the space on page 53 to answer the radio presenter's questions for yourself.

5.3 Ayudar en casa — Los pasatiempos

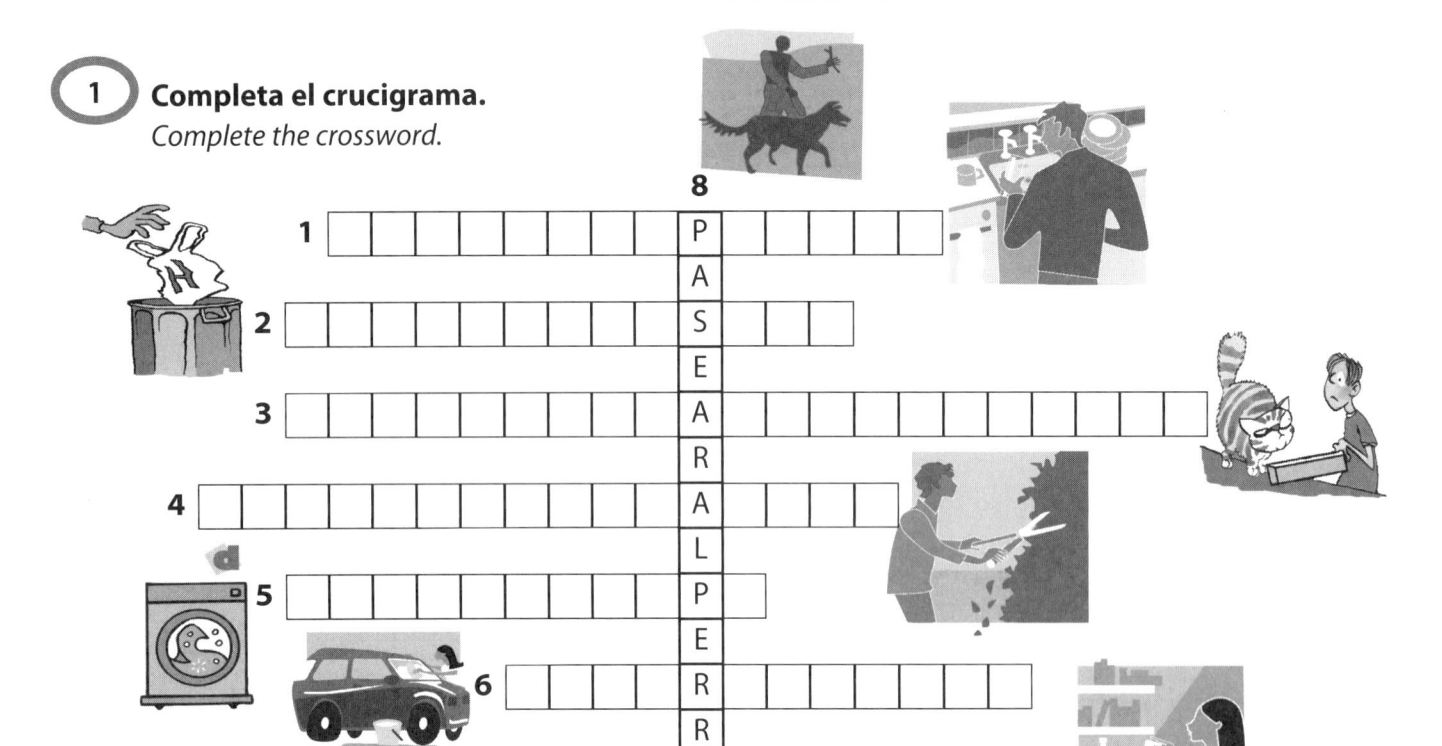

1 Completa el crucigrama.
Complete the crossword.

Across clues (with 8 down: PASEARALPERRO)
- 1: _ _ _ _ _ _ _ _ P _ _ _ _
- 2: _ _ _ _ _ _ A _ _ _
- 3: _ _ _ _ _ _ _ S _ _ _ _ _ _ _ _ _
- 4: _ _ _ _ _ _ E _
- 5: _ _ _ _ _ _ A _
- 6: _ _ _ _ _ L _ _ _ _
- 7: _ _ _ _ _ _ _ _ O _ _ _ _

2 Mira la tabla. ¿Quién habla? *Look at the table. Who is speaking?*

¿Quién?	lunes	martes	miércoles	jueves	viernes	sábado	domingo
Carlos							
Mi hermana							
Mi madre							
Mi padre							

a Los lunes no hago nada, pero los sábados paseo al perro. _____

b No lavo el coche pero lavo la ropa cuatro días. _____

c Los martes cambio la arena del gato. _____

d Lavo los platos los miércoles. _____

e Saco la basura los miércoles, jueves, viernes y domingos. _____

f Sólo arreglo mi dormitorio los lunes. _____

5.4 Hacer planes — Los pasatiempos

1 Pon las frases en orden para recrear la conversación.
Write the sentences in the correct order in the speech bubbles to recreate the conversation.

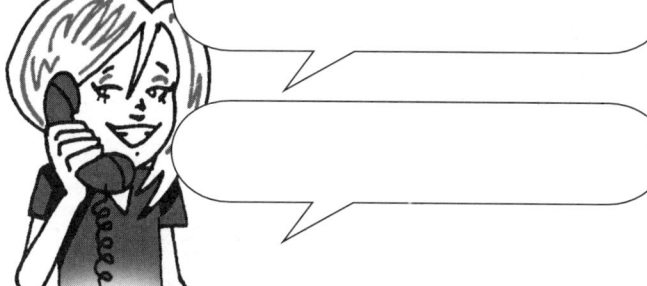

¿Diga?

- ¡Estupendo! A las once en tu casa. ¡Adiós!
- ¿Diga?
- Sí, ¿cuándo?
- Hola, soy Jorge. ¿Quieres ir a la playa?
- ¿A qué hora?

- El fin de semana, el sábado.
- ¿Dónde nos encontramos?
- En mi casa.
- A las once.
- Adiós.

2 ¿Qué vas a hacer? Escribe cinco frases en la página 53 utilizando la tabla.
What are you going to do? Write five sentences on page 53 using the vocabulary in the box. You need to pick one item from each column.

El lunes		en mi casa	
El martes	voy a ver un DVD	en la playa	con mi hermano
El miércoles	voy a jugar al fútbol	en la discoteca	con mi madre
El jueves	voy a bailar	en el parque	con mis abuelos
El viernes	voy a nadar	en casa de Joaquín	con mis amigos
El sábado	voy a comer	en Pizza Hut	con mis primos
El domingo		en el polideportivo	

Ejemplo El martes voy a comer en Pizza Hut con mis primos.

cuarenta y siete **47**

5.5 Entre amigos — Los pasatiempos

1 Une las frases con los dibujos. *Join the sentences with the right picture.*

1 Los chicos tienen más ratos libres que las chicas.
2 Las chicas ayudan más en casa.
3 Durante los ratos libres, ver la televisión es la actividad más popular.
4 A las chicas les gusta leer.
5 A los chicos les gustan los ordenadores.
6 Los jóvenes tienen aproximadamente unos 45€ por semana.

2 ¿Verdad (✔) o mentira (✘)? *Is it true (✔) or false (✘)?*

a Tengo treinta euros.
b Tengo diez euros.
c Tengo veinticinco euros.
✘ d Tengo diecisiete euros.
e Tengo veinticuatro euros.
f Tengo seis euros.

3 Corrige las frases incorrectas del ejercicio 2. *Correct the sentences that were wrong in exercise 2.*

_____   _____
_____   _____

4 ¿Cuántos euros tienes para tus ratos libres cada semana?
How many euros do you have for your free time every week?

_____

¡Atención!
1 libra esterlina = 1.4 euros

5 Proyecto de informática: ¿Quién es Diego Maradona? Encuentra la siguiente información.
ICT project: Who is Diego Maradona? Search the internet and find:
1 Su nacionalidad 2 Su edad 3 ¿En qué equipos españoles ha jugado al fútbol?
4 ¿Para qué otros países ha jugado?

5 Gramática — Los pasatiempos

1a Verbos: Une los dibujos con el verbo correcto.
Verbs: Join the pictures with the correct verb.

| leer | nadar | jugar | bailar | ver |

| ir | tocar | navegar | escuchar | hablar |

1b Marca la raíz de todos los verbos.
*Highlight the root of these verbs. (Remember: to find the root, take away the **-ar**, **-er**, **-ir** endings.)*

2 Verbos regulares, presente de indicativo: Completa la tabla.
Regular verbs, present tense: Complete the table.

	hablar	navegar	nadar	escuchar
yo	hablo			
tú	hablas			
él/ella/Ud		navega		
nosotros/as			nadamos	
vosotros/as			nadáis	
ellos/ellas/Uds		navegan		

3 Verbos, futuro inmediato: Cambia estas frases del presente al futuro inmediato.
Verbs, immediate future: Change these sentences from the present tense to the immediate future.

Presente	Futuro inmediato	Presente	Futuro inmediato
Escucho música.	Voy a escuchar música.	Lavo los platos.	
Navego por internet.		Voy a la playa.	
Leo Harry Potter.		Paseo al perro.	
Juego al fútbol.		Arreglo mi dormitorio.	
Practico la natación.		Saco la basura.	

cuarenta y nueve **49**

5 Reto — Los pasatiempos

1 Escoge el adjetivo correcto.
Choose and then circle the correct adjective.

a Me gusta el fútbol porque es   divertida / (divertido) .

b Odio el rugby porque es   violento / violenta .

c Prefiero la vela porque es   relajanta / relajante .

d No me gusta el esquí porque es   peligroso / peligrosa .

e Prefiero la equitación porque no es   aburrido / aburrida .

f Me chifla la gimnasia porque no es   difícil / dificila .

2 ¿Cuántas frases puedes encontrar en cinco minutos?
How many sentences can you find in five minutes? What is the longest sentence you can find?
You can go sideways or up or down, but not diagonally. All sentences must start in a shaded box with capital letters. Grey boxes = 5 points, white boxes = 1 point. Write your sentences on page 53.

Ejemplo   Me gusta (5p) jugar al rugby (1p) y (5p) navegar por internet (1p) porque (5p) es divertido (1p) = 18 points.

es aburrido	con mi madre	jugar al tenis	ME CHIFLA	pasear al perro	con mi hermana	arreglar mi dormitorio
porque	y mi hermano	con mi padre	porque	pero	sacar la basura	y
porque	ir al polideportivo	lavar el coche	es divertido	con mi abuelo	odio	porque
con mi abuela	pero	odio	y	pasear al perro	pero	con mis amigos
ir a la playa	el golf	y	lavar los platos	y	me gusta	jugar con videojuegos
NO ME GUSTA	cambiar la arena del gato	el ciclismo	ME GUSTA	nadar	escuchar música	ODIO
navegar por internet	con mi madre	y	jugar al rugby	y	navegar por internet	con mi hermano
son relajantes	porque	la equitación	y	ir al cine	porque	y mis amigos
pero	es difícil	y mis hermanos	con mis amigos	los martes	es divertido	pero
no me gusta	es violento	con mi amiga	tocar la guitarra	porque	no es peligroso	odio
el baloncesto	porque	hablar por teléfono	ME ENCANTA	el voleibol	los viernes	ver la tele

50 *cincuenta*

Vocabulario — Los pasatiempos

Los deportes — *Sports*
el atletismo — *athletics*
el baloncesto — *basketball*
el ciclismo — *cycling*
la equitación — *horse riding*
el esquí — *skiing*
el fútbol — *football*
la gimnasia — *gymnastics*
el golf — *golf*
la natación — *swimming*
el rugby — *rugby*
el tenis — *tennis*
la vela — *sailing*
el voleibol — *volleyball*
¿Qué deportes te gustan? — *What sports do you like?*
¿Qué deportes juegas? — *What sports do you play?*
¿Qué deportes practicas? — *What sports do you do?*
Juego al… — *I play…*
Practico… — *I do…*

Actividades — *Activities*
bailar — *to dance*
escuchar música — *to listen to music*
hablar por teléfono — *to talk on the phone*
ir a la playa — *to go to the beach*
jugar con videojuegos — *to play videogames*
leer — *to read*
nadar — *to swim*
navegar por Internet — *to surf the net*
tocar la trompeta — *to play the trumpet*
ver la televisión — *to watch television*
¿Qué vas a hacer? — *What are you going to do?*

Opiniones — *Opinions*
en mis ratos libres — *in my spare time*
me gusta — *I like*
no me gusta — *I don't like*
me chifla — *I'm crazy about*
me encanta — *I love*
prefiero — *I prefer*
odio — *I hate*
y — *and*
pero — *but*
porque — *because*
si — *if*

¿Por qué te gusta? Es… — *Why do you like it? It is…*
aburrido/a — *boring*
difícil — *difficult*
divertido/a — *fun*
fácil — *easy*
lento/a — *slow*
peligroso/a — *dangerous*
rápido/a — *fast*
relajante — *relaxing*
violento/a — *violent*

Una cita para salir — *A date*
¿Diga? — *Hello (on the phone)*
¿Quieres ir a…? — *Do you want to go to…?*
¿Cuándo? — *When?*
¿Dónde nos encontramos? — *Where shall we meet?*
Nos encontramos en… — *We'll meet at…*
¿A qué hora? — *At what time?*
A la/A las… — *At…*
Muy bien/Perfecto/Estupendo. — *Very well/Perfect/Great.*

Las tareas domésticas — *Household chores*
Arreglo mi dormitorio. — *I tidy my room.*
Ayudo en el jardín. — *I help in the garden.*
Cambio la arena del gato. — *I change the cat litter.*
Lavo el coche. — *I wash the car.*
Lavo la ropa. — *I wash the clothes.*
Lavo los platos. — *I wash the dishes.*
Paseo al perro. — *I take the dog out for a walk.*
Saco la basura. — *I put out the rubbish.*
No hago nada. — *I don't do anything.*

Los días de la semana — *The days of the week*
el lunes — *Monday*
el martes — *Tuesday*
el miércoles — *Wednesday*
el jueves — *Thursday*
el viernes — *Friday*
el sábado — *Saturday*
el domingo — *Sunday*
el fin de semana — *the weekend*
durante la semana — *during the week*

5 Ya sé... checklist — Los pasatiempos

See page 12 of this book for advice on using the checklist.

Learning objectives	Check	Prove it!
I can say what I like to do in my free time.	☐ ☐	Get your partner to test you.
I can say what I don't like to do in my free time.	☐ ☐	Get your partner to test you.
I can give opinions.	☐ ☐	Get your partner to test you.
I can use adjectives to explain my likes and dislikes.	☐ ☐	Get your partner to test you.
I can link sentences using connectives.	☐ ☐	Use *pero, y* and *porque* in sentences.
I can say what sports I play.	☐ ☐	Get your partner to test you.
I can say what sports other people play, using *jugar*.	☐ ☐	Get your partner to test you.
I can say what jobs I do to help at home.	☐ ☐	Get your partner to test you.
I can say what jobs other people have to do, using the *-ar* verb endings.	☐ ☐	Invent three jobs that somebody else has to do about the house.
I can invite someone out and accept an invitation.	☐ ☐	Get your partner to test you.
I can arrange to meet.	☐ ☐	Get your partner to test you.
I can say what I am going to do, using the near future.	☐ ☐	Say 'I will go swimming' and 'I will play tennis'.

5 Para escribir

Los pasatiempos

6.1 Las asignaturas — En el cole

1 **Escribe las asignaturas.**
Write down the names of the subjects.

el español

2 **¿Qué asignaturas les gustan? ¿Qué asignaturas no les gustan? Escribe frases.**
Which subjects do they like? Which subjects don't they like? Write sentences.

Ejemplo — Me gusta la geografía.

a _____
b _____
c _____
d _____

3a **Completa las frases.** *Complete the sentences.*

1 No me gusta el dibujo ☐   a porque son aburridas.
2 Odio las ciencias ☐   b porque es divertida.
3 Prefiero la historia ☐   c porque son útiles.
4 Me gustan los idiomas ☐   d porque es difícil.

3b **Escribe dos frases para ti, como las en 3a, en la página 63.**
Write two sentences about yourself, like those in 3a, on page 63.

54 cincuenta y cuatro

6.2 Opiniones sobre el instituto — En el cole

1a Lee lo que dice Pepe. ¡Las líneas están desordenadas! Indica el orden correcto.
Read what Pepe says. The lines are in the wrong order: can you show the correct order?

> aburridas pero yo pienso que son interesantes. También me gusta ☐
> porque tengo que correr*, ¡y soy un poco perezoso*! ☐
> Me encantan las matemáticas porque ☐
> otro país. Pero odio la educación física ☐
> son muy útiles. Mis amigos dicen que son ☐
> el inglés porque puedo escribir a los alumnos en ☐

*correr *to run*   *perezoso *lazy*

1b Lee el texto de 1a. Escribe dos listas: a) los adjetivos positivos y b) los negativos.
Read the text in 1a. Make two lists of a) the positive and b) the negative adjectives.
Add the adjectives from the box below.

positive   negative

_____   _____
_____   _____
_____   _____

| divertido | fácil | difícil | estresante | relajante |

1c Añade las otras formas.
Add the other forms.
Ejemplo   aburridas – aburrido – aburrida – aburridos

_____
_____
_____
_____
_____

2 Escribe tu opinión sobre las asignaturas en la página 63.
Write your opinion of the different subjects on page 63.
Ejemplo   Pienso que… es/son…
          Me gusta(n)… porque puedo…
          No me gusta(n)… porque tengo que…

cincuenta y cinco 55

6.3 El horario — En el cole

1 Dibuja las horas.
Draw the times.

a Son las siete y media.

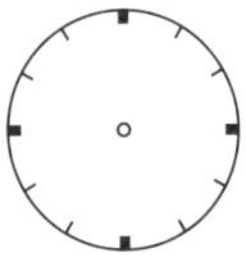

b Es la una y cinco.

c Son las doce menos cuarto.

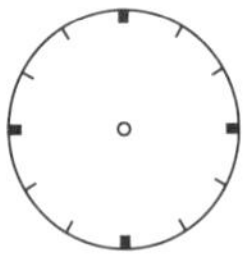

d Son las tres y diez.

e Son las ocho menos veinte.

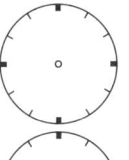

f Son las cuatro y cuarto.

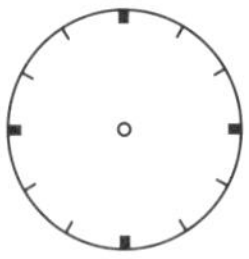

2 Mira el horario de Marta. Lee las frases. ¿Verdad (✔) o mentira (✘)?
Look at Marta's timetable. Read the sentences: are they true (✔) or false (✘)?

	lunes	martes	miércoles	jueves	viernes
9.00–10.00	matemáticas	tecnología	geografía	francés	ciencias
10.00–11.00	inglés	alemán	historia	español	español
11.00–11.40	R E C R E O				
11.40–12.40	ciencias	español	matemáticas	tecnología	informática
12.40–1.40	música	educación física	informática	inglés	alemán
1.40–3.20	C O M I D A				
3.20–4.20	dibujo	religión	ciencias	educación física	matemáticas
4.20–5.20	francés	inglés	español	geografía	historia

a Las clases empiezan a las diez.
b Los miércoles Marta tiene español a las cuatro y veinte.
c Los jueves por la tarde tiene francés.
d Tiene una hora de religión.
e Los lunes tiene dibujo a las tres y media.
f Todos los días tiene inglés.
g Es la hora de comer a las dos y cuarenta.
h Las clases terminan a las cinco y veinte.
i Los martes tiene educación física a las diez menos veinte.
j Los viernes el alemán empieza a la una menos veinte.

3 Describe el día favorito de Javier en la página 63.
Write about Javier's favourite day on page 63.

JUEVES — 9:00 — 10:00 — 3:00

Mi día favorito es…
    porque tengo…
A las… tengo…
Me gusta porque…
Por la tarde tengo…
Es mi asignatura favorita porque…

6.4 El transporte — En el cole

1) Identifica las formas de transporte.
Identify the modes of transport.

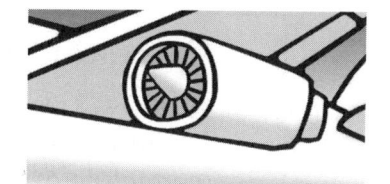

en autobús _____ _____

_____ _____ _____

2) Lee el texto. Subraya las formas de transporte y las opiniones.
Escribe ✔ para una opinión positiva y ✘ para una opinión negativa.
Read the text. Underline the modes of transport and the opinions on them. Put a ✔ for the positive opinions and a ✘ for the negative opinions.

*el paisaje landscape

EL TRANSPORTE EN EL PERÚ

En el Perú puede ser difícil ir de una ciudad a otra porque las distancias son grandes. El avión es rápido✔ pero es caro✘. Muchas personas van en autobús: es práctico porque va a todos los sitios. También es relajante porque puedes ver el paisaje*. Hay pocos trenes y son lentos. Es más cómodo ir en coche pero mucha gente no tiene. No es fácil ir a pie porque hay mucha montaña. ¡Para cruzar el Lago Titicaca es necesario ir en barco!

3) Describe el viaje. *Write about this journey.*

Viaje a Madrid
salir de casa — 10.30
aeropuerto — 11.40
vuelo — 1.30
Madrid — 4.45
autobús — 5.30
Hotel Espléndido — 5.50

Salgo de casa _____
Voy _____
Tardo _____
El vuelo es _____ Tardo _____
Llego _____
Tengo que esperar _____
Tardo _____
Llego _____

cincuenta y siete 57

6.5 Entre amigos

En el cole

1 **Lee el texto. Escribe una lista en inglés de las diferencias entre este instituto y tu instituto.**
Read the text. Write a list in English of the differences between this school and your school.

¡Mi instituto es *diferente*!

Mi escuela es la **Telesecundaria de Otloquizingo**. Es similar a un instituto normal, pero ¡en las clases vemos la televisión!

No vivo en una ciudad. En mi comunidad hay 800 habitantes y sólo hay un profesor. Se llama Señor Ochoa y es buen profesor. Pero no es experto en todas las asignaturas. Entonces en las clases vemos la televisión, en el canal de la Telesecundaria. Ofrece programas basados en el Sistema Educativo Nacional.

Estudiamos español, matemáticas, historia y cultura de México, geografía y otras asignaturas. Pero también podemos estudiar tecnología para la agricultura o para la pesca.

Las clases son de las siete de la mañana a las doce y media. Los programas de televisión empiezan a las ocho. No sólo vemos la televisión. En las clases tenemos que trabajar: hablar y resolver problemas, leer y escribir.

En mi instituto sólo hay treinta estudiantes. En México, más de un millón de alumnos estudian la Telesecundaria.

Lety

	Otloquizingo	My school
Ejemplo	watch a lot of TV	don't watch much TV
	study history and culture of Mexico	study history and culture of Britain
	_____	_____
	_____	_____
	_____	_____

2 **Escribe un email a Lety con información sobre tu instituto.**
Write an email to Lety with information about your school. Use Lety's text to help you.

Mi escuela es _____
Hay _____ profesores.
Estudiamos _____
También podemos estudiar _____
Las clases son de _____ a _____
En las clases tenemos que _____
En mi instituto hay _____ estudiantes.

6 Gramática — En el cole

Flashback

Gustar
Me gusta el español.
Me gustan las ciencias.
Me gusta jugar al fútbol.

1 Completa las frases con la forma correcta de *gustar*.
Complete the sentences with the correct form of **gustar**.

a Me _____ las clases de historia.

b No me _____ el profesor de geografía.

c ¿Te _____ estudiar en este instituto?

d Me _____ las matemáticas pero no me _____ hacer los deberes.

e ¿No te _____ los idiomas?

f Sí, el español me _____ pero los otros no me _____ .

Flashback

Radical-changing verbs
pensar ⟶ pienso

2 Completa el cuadro con las formas de los verbos.
Complete the table with the verb forms.

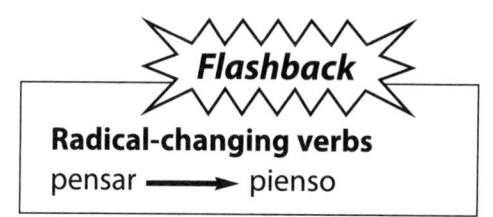

	pensar	decir	tener
yo (I)	pienso		
tú (you)		dices	
él/ella (he/she)	piensa		tiene
nosotros (we)		decimos	
vosotros (you)	pensáis		tenéis
ellos/ellas (they)		dicen	

3 Completa el texto con los verbos de la casilla.
Complete the text with the verbs from the box.

Me gusta mucho ir en bicicleta. Mis amigos _____ que es muy lento pero yo _____ que es práctico. Si voy en autobús _____ que esperar. Con mi bicicleta _____ salir cuando quiera*. Mucha gente _____ que el coche es más cómodo pero yo _____ estar al aire libre. Tú, ¿qué _____ ? ¿Los británicos también _____ opiniones diferentes?

cuando quiera whenever I want

piensas
dicen
tienen
tengo
puedo
prefiero
pienso
dice

cincuenta y nueve 59

6 Reto

En el cole

1 Empareja las formas de transporte con los precios.
Match the modes of transport with their prices in the hire shop.

1 quince euros
2 cincuenta y ocho euros
3 veintitrés euros
4 doce euros
5 cuarenta y cinco euros

2a Escribe las opiniones de Jorge. *Write down Jorge's opinions of his school subjects.*

2b Dibuja una línea para ti. Tu compañero/a tiene que apuntar tus opiniones.
Draw a line for yourself. Show it to your partner. He/She has to note down your opinions.

3 Escribe sobre el día de Raquel en la página 63.
Write about Raquel's day, giving her opinions on page 63.

MARTES, 15 DE JUNIO

8.30 ir al instituto
(coche si llueve)
9.00 matemáticas: ¡qué aburrido!
10.00 educación física: ¡qué bueno!
11.30 recreo (hablar con Elena ✓✓)
12.10 ciencias con el prof Muñoz*
1.10 la hora de comer

tarde
música (♡♡)
inglés (great!)
historia (ay, no...)
5.30 ir a casa ( )

*¡profesor favorito!

60 sesenta

Vocabulario — En el cole

Las asignaturas — *School subjects*
el alemán — *German*
las ciencias — *science*
el dibujo — *art*
la educación física — *PE*
el español — *Spanish*
el francés — *French*
la geografía — *geography*
la historia — *history*
los idiomas — *languages*
la informática — *ICT*
el inglés — *English*
las matemáticas — *maths*
la música — *music*
la religión — *RE*
la tecnología — *technology*

Opiniones — *Opinions*
¿Cuál es tu asignatura favorita? — *What is your favourite subject?*
¿Qué asignaturas te gustan? — *What subjects do you like?*
aburrido/a — *boring*
difícil — *difficult*
divertido/a — *fun*
estresante — *stressful*
fácil — *easy*
interesante — *interesting*
relajante — *relaxing*
útil — *useful*
No me gusta nada. — *I don't like anything.*
ni… ni — *neither… nor*

La hora — *The time*
¿Qué hora es? — *What time is it?*
¿A qué hora…? — *At what time…?*
son las tres — *it is three o'clock*
a las tres — *at three o'clock*
las tres y media — *half past three*
las tres y cuarto — *quarter past three*
las tres menos cuarto — *quarter to three*
el recreo — *break time*
la hora de comer — *lunchtime*

Verbos — *Verbs*
empezar — *to begin*
empieza — *it begins*
terminar — *to finish*
leer — *to read*
escribir — *to write*
estudiar — *to study*
escuchar — *to listen*
pensar — *to think*
pienso — *I think*
decir — *to say*
digo — *I say*
tocar — *to play (an instrument)*
ir — *to go*
comer — *to eat*
pienso que — *I think that*
tengo que — *I have to*
puedo — *I can*

El transporte — *Transport*
Voy… — *I go…*
a caballo — *on horseback*
a pie — *on foot*
en autobús — *by bus*
en autocar — *by coach*
en avión — *by plane*
en barco — *by boat*
en bicicleta — *by bike*
en coche — *by car*
en monopatín — *on a skateboard*
en patines — *on rollerblades*
en tren — *by train*
Es… — *It is…*
cómodo/a — *comfortable*
conveniente — *convenient*
lento/a — *slow*
necesario — *necessary*
práctico/a — *practical*
rápido/a — *fast*

Los números — *Numbers*
diez — 10
veinte — 20
treinta — 30
cuarenta — 40
cincuenta — 50
sesenta — 60
setenta — 70
ochenta — 80
noventa — 90
cien — 100
treinta y tres — 33
cuarenta y cuatro — 44

sesenta y uno

6 Ya sé... checklist

En el cole

See page 12 of this book for advice on using the checklist.

Learning objectives	Check	Prove it!
I can say the names of school subjects.	☐ ☐	Get your partner to test you.
I can say what subjects I like.	☐ ☐	Get your partner to test you.
I can ask other people what subjects they like.	☐ ☐	Get your partner to test you.
I can say why I like a subject.	☐ ☐	Choose three subjects and say why you like them.
I can make adjectives agree for masculine, feminine, singular and plural.	☐ ☐	Say 'History is interesting', 'English is difficult', 'Maths is fun'.
I can say what other people think of different subjects.	☐ ☐	Get your partner to test you.
I can use radical-changing verbs.	☐ ☐	Give an example of the infinitive and first person of a radical-changing verb.
I can talk about what I can do in different lessons.	☐ ☐	Get your partner to test you.
I can talk about times of lessons.	☐ ☐	Get your partner to test you.
I can say how I travel to school.	☐ ☐	Get your partner to test you.
I can say numbers up to 100.	☐ ☐	Get your partner to test you.

Ya sé... checklist